J. BAETEMAN

Prêtre de la Mission

Un Martyr Abyssin

Abba Ghèbrè-Michaël

Prêtre de la Mission

(1791-1855)

Librairie René HATON

59, Boulevard Raspail 59

PARIS (6e)

J. BAETEMAN
Prêtre de la Mission

Un Martyr Abyssin

Abba Ghèbrè-Michaël

Prêtre de la Mission

(1791-1855)

Librairie René HATON
59, Boulevard Raspail, 59
PARIS (6e)

CHAPITRE PREMIER

Dans le schisme

Origine et premières années. — Abba Ghèbrè-Michaël naquit à Dibo, petit faubourg de la ville de Mèrtoulè-Mariam, dans la province du Godjam, en 1791. Son nom signifie « l'esclave de saint Michel », et nous verrons combien celui qui le porte, combattra, comme son céleste patron, pour la gloire de son Dieu.

Son père étant de caste religieuse, l'enfant reçut une éducation plus soignée et, dès l'âge de 5 à 6 ans, commença à s'instruire.

Après une heure passée, le matin, à la lecture, près du vieux sanctuaire de son pays, il partait, comme tous les petits abyssins de son âge, garder les troupeaux paternels.

Un accident qui le priva alors d'un œil, décida ses parents, honnêtes laboureurs, à le lancer dans la cléricature. Il y entra d'autant plus volontiers, que tout en lui contrastait avec les mœurs du siècle, et qu'un tempérament calme, un caractère sérieux et docile, une véritable passion pour la science, semblaient le prédestiner à cette vocation.

L'écolier. — Croissant en âge, en sagesse et en science, il s'adonna dès lors, au cycle compliqué des études éthiopiennes ; et nous le verrons, non seulement y passer maître, mais devenir la lumière et l'orgueil de son pays.

Ce fut pour lui, tout d'abord l'étude de l'alphabet, qui ne compte pas moins de 202 caractères, puis la lecture, sous le rythme nonchalant d'une cantilène monotone. L'école se fait toujours en plein air, sous le porche de l'église ou l'avant-toit du chef de l'endroit. Dès que l'enfant sait lire, on lui apprend les premiers éléments du chant ecclésiastique, dont les modulations multiples doivent être apprises par cœur ; après quoi, comme c'est le cas pour Ghèbrè-Michaël, l'école conventuelle s'ouvre pour l'enseignement secondaire. Le couvent de Mèrtoulè-Mariam où il entra, était un sanctuaire vénéré, aux arbres séculaires, en une solitude choisie, bien propre à faciliter les études. Ces dernières se développèrent alors, selon le cycle spécial à ces pays d'orient : la grammaire, l'écriture où chaque lettre doit être moulée avec le bec d'un roseau taillé, et surtout le chant liturgique dont l'étude complète ne demande pas moins de quatorze ans. Après le chant, on étudie l'histoire et le calcul, et pour se détendre un peu, l'écolier s'en va, à travers les villages, mendier le pain qui doit le sustenter.

L'élève qui a suivi ces cours secondaires, en sort avec le titre de « *docteur* » ou « *lettré.* » Pour Ghèbrè-Michaël, l'heure était arrivée où il lui fallait choisir entre l'état séculier ou la vie ecclésiastique. Son choix était fixé depuis longtemps, il renonça au monde et résolut de se consacrer à Dieu, et de s'adonner à l'acquisition des vertus évangéliques et de la science ecclésiastique dans l'état religieux. Il entra donc au couvent de Mèrtoulè-Mariam pour y continuer ses études.

Au couvent. — Il avait alors 19 ans. Il commença par un noviciat de six ans, durant lequel il put s'essayer aux rigueurs de la discipline religieuse. Il s'y adonna de tout son cœur, en même temps qu'il s'initia aux vertus de son état et à l'étude des sciences ecclésiastiques, but et rêve de ses aspirations les plus intimes.

Ce laps de temps écoulé, les moines du couvent furent unanimes à accepter dans leur sein un novice qui annonçait de si belles espérances. Le père Abbé lui imposa solennellement le bonnet blanc de profès. Ghèbrè-Michaël avait alors 25 ans.

Deux voies s'ouvraient devant lui, dans la sphère élevée d'une caste à part : celle de l'ascétisme de la Thébaïde, ou celle de la haute magistrature judiciaire, dans les deux ordres civil et ecclésiastique de l'empire éthiopien. La première fut choisie. Il avait le monde en horreur, et ne rêvait qu'aux réalités de la vie spirituelle, aux austérités de la vertu et de la possession intégrale de la science et de la doctrine chrétienne.

Mais notre jeune moine, à l'âme si ardente et au cœur si généreux, ne trouva, dans le monachisme rigide des moines coptes, qu'un relâchement écœurant, une paresse désolante, des formes pharisaïques sans aucune vie spirituelle.

Il fit part de son désappointement aux moines de la communauté qui, sortant alors de leur engourdissement, le chargèrent d'étudier lui-même les saintes obligations de la vie religieuse, et de se faire leur réformateur.

A la recherche du Manuel de la Sainteté. — Un livre existait qui aurait pu lui fournir les éléments précieux de cette réforme. Mais le couvent ne le possédait pas. Il fut donc résolu qu'Abba Ghèbrè-Michaël irait officiellement rechercher, dans les autres monastères de l'empire, ce manuel si précieux.

Quittant Mèrtoulè-Mariam, il commença la visite des ermitages et des couvents du pays. Le moine pèlerin eut beau pénétrer dans tous ces centres de

vie religieuse, fouiller les bibliothèques, interroger
les vétérans de la vie monastique, personne ne put
lui fournir cet ouvrage. Parfois même, reçu brutale-
ment, il essuya bien des avanies ; mais soutenu
par son zèle, chassé d'un sanctuaire, il allait vers
un autre, à la recherche de ce bien qui fuyait toujours devant lui.

Ayant inutilement visité tous les couvents qui
fleurissaient au Godjam, il se décida à aller à Gondar.

Capitale de l'empire, cette ville était le centre des
universités éthiopiennes ; notre infatigable chercheur devait, pensait-il, y trouver sûrement l'objet
de ses vœux.

Arrivé à la ville, il se rendit dans la maison du
« Chef des Moines », où il reçut la plus fraternelle
hospitalité.

A Gondar. — Il s'y rencontra avec les grands
maîtres de la vie ecclésiastique, qui firent le meilleur accueil à ce frère inconnu, venu de si loin leur
demander la voie de la sainteté. Il ne tarda pas à
attirer les regards, et à devenir lui-même un maître dont les leçons étaient recherchées. Le roi lui-
même, Johannès IV, le prit pour professeur. Entre
temps, l'intrépide chercheur fouillait les manuscrits
des plus grandes bibliothèques, leur demandant la
réponse aux doutes qui le suivaient partout.

Il trouva enfin le « Manuel des Moines » et d'autres trésors spirituels dont son âme était avide ;
aussi, les années vont s'écouler rapides et fructueu-
ses.

En 1838, il quitta la capitale, ses hôtes, ses amis,
ses livres, ses disciples ; il avait terminé le cycle
des plus complètes études, sa tête puissante s'était
enrichie de toutes les sciences connues en son pays ;
il avait lu le livre de la perfection que les plus

grands docteurs lui avaient expliqué. Il était donc arrivé au dernier sommet des sciences, au delà duquel rien ne s'offrait plus à son esprit toujours avide, insatiable.

Il n'avait pas encore atteint la cinquantaine.

De taille moyenne, le teint d'un brun clair, le visage agréable à voir, il était une de ces personnalités qui frappent et qu'on n'oublie pas. Mais la valeur intellectuelle de son esprit et la beauté de son âme qui transpirait sur sa figure, étaient bien supérieures encore à ses agréments physiques.

Doué d'un esprit vif, pénétrant et juste, il excellait à éclaircir les questions les plus embrouillées ; éprouvant une horreur instinctive de la duplicité, de la dissimulation et du mensonge, il avait, vraiment, une âme naturellement chrétienne.

Où est la vérité ? — Plus il étudiait et plus le besoin de connaître la vérité s'imposait à lui, pressante, inéluctable. Il avait parcouru tout le champ des connaissances humaines en usage en sa patrie ; son esprit, pourtant, n'était pas satisfait et son âme surtout était inquiète. Plus il lisait, plus il se heurtait aux contradictions que lui apportaient ses lectures. Aussi, un jour, fatigué de toujours chercher en vain, au milieu de ce fatras d'opinions différentes et même contradictoires, la vérité qui continuait à le fasciner, sa droiture d'esprit se buta, sa franchise naturelle se révolta, et un doute s'en vint effleurer puis, finalement, ronger son âme. Au milieu de ce désarroi doctrinal, il décida de s'abstenir, désormais, de ces discussions stériles et de tous les démêlés théologiques, et de rechercher loyalement l'Eglise qui paraîtrait en possession du dépôt sacré de la Vérité.

Cette résolution bien arrêtée, en provoqua une seconde : celle d'aller à Jérusalem afin, non seulement de satisfaire sa dévotion, mais encore de couronner ainsi toutes ses investigations religieuses. Il se trouverait, en la Ville Sainte, en présence de toutes les Eglises et trouverait parmi elles, celle qui professe la vraie croyance, à laquelle il avait juré de rester inébranlablement fidèle.

Premier départ. — Selon l'usage des moines gyrovagues, il visita les plus illustres couvents des régions qu'il devait traverser. Partout, il eut à subir un assaut doctrinal ; une fois même, sa croyance ne concordant pas avec celle de ses hôtes, il fut maltraité d'une façon indigne et sauvage.

Traversant le Tigré, il arriva au monastère de Dèbrè-Bizèn, au sommet des premières chaînes de montagnes, en bas desquelles s'étale la plage de Massouah. Les renseignements qu'il y trouva le forcèrent à remettre son voyage à plus tard. Profitant, alors, du laps de temps que les circonstances lui ménageaient, il reprit sa visite aux couvents limitrophes.

Il finit par s'arrêter à celui de Goundè-Goundè, où il passa un an, enseignant aux moines la science dont il possédait tous les secrets.

Après quoi, il redescendit à Massouah. Mais après avoir vainement attendu, pendant cinquante jours, une occasion favorable, il quitta cette fournaise pour remonter sur les hauts plateaux du Tigré.

Sa première rencontre avec M. de Jacobis. — L'heure approchait où la grâce allait le mettre en présence d'un saint missionnaire, qui devait être pour lui, l'instrument de la Providence.

L'évêque métropolitain d'Ethiopie étant mort, les chefs de province s'étaient entendus pour envoyer au Caire une ambassade, qui devait ramener son successeur. Mais les voyages, alors, étaient tellement difficiles, dangereux même, que les députés refusaient de partir, s'ils n'étaient accompagnés d'un Européen qui sût les conduire, les préserver, et au besoin, les défendre. Le roi Oubié jeta les yeux, alors, sur M. de Jacobis qui, depuis deux ans, s'était établi à Adoua.

Il lui demanda de vouloir bien se constituer guide de l'ambassade, et le missionnaire, après avoir beaucoup prié, finit par y consentir, à la condition expresse qu'il conduirait les députés à Rome et, qu'à son retour, il aurait l'autorisation de construire une école en Abyssinie.

Abba Ghèbrè-Michaël obtint de suivre l'ambassade, ce qui le remplit de joie.

Il allait avoir ses entrées auprès du patriarche copte, suprême magistère doctrinal de l'Eglise d'Ethiopie, et il espérait bien y entendre la parole décisive de l'autorité qui tranche toute discussion.

Il marchait au devant d'une déception cruelle, mais il ne le savait pas encore ; une main le conduisait à sa destinée providentielle, le mettant en face de l'ange conducteur qu'il allait suivre à l'encontre de ses propres desseins.

En route pour le Caire. — Le missionnaire arrivé à la côte, prit contact avec tout le personnel de l'ambassade. Les Ethiopiens qui la composaient, depuis les chefs jusqu'au dernier des valets, ne virent d'abord en lui qu'un « frendji », un de ces catholiques exécrés, qu'ils ne regardaient qu'à travers le prisme de leurs préjugés sectaires.

Aussi, ils commencèrent par le méconnaître avec affectation, lui manifestant, de la façon la plus brutale, leur mépris, leur méfiance, et même leur aversion. Quant à Ghèbrè-Michaël, s'il n'avait pas cette allure arrogante affichée par les autres, il n'avait aucune attention pour cet étranger. Bien plus, il se méfiait de lui, le regardant comme un hérétique et le traitait avec une froideur calculée.

Au milieu des souffrances et des ennuis d'une longue navigation sur un esquif arabe, l'Apôtre tout entier à son œuvre d'édification, se montra si pieux, si humble, si serviable, qu'il força la surprise d'abord, puis l'admiration et la reconnaissance de ses compagnons qui, au début, l'avaient traité comme un domestique, comme un esclave.

Abba Ghèbrè-Michèl ne tarda pas à regarder d'un œil moins antipathique cet homme qu'il voyait constamment humble, modeste, patient en face des impudences qui lui étaient gratifiées.

Il remarqua qu'il avait sous les yeux un chrétien, pratiquant les plus sublimes conseils évangéliques.

Aussi, ému par ce spectacle, sans pour cela perdre les préventions innées en lui, Abba Ghèbrè-Michaël va-t-il-, désormais, en imposer à tous, par les égards de déférence dont il usera envers le missionnaire catholique.

La traversée de la mer Rouge dura deux mois et demi, après lesquels l'ambassade arriva au Caire.

Au Caire. — Là de grandes désillusions attendaient Abba Ghèbrè-Michaël.

Tout d'abord, le patriarche défendit aux délégués, et cela sous peine d'excommunication, d'avoir aucune relation avec le missionnaire catholique ; ne pouvant lutter, ils se soumirent.

Ils durent, ensuite, accepter comme métropolitain d'Abyssinie, un jeune homme dont la morgue et l'insuffisance, ne tardèrent pas à les épouvanter.

Abba Ghèbrè-Michaël ne craignit pas de lui dire son fait, et de lui reprocher sa jeunesse et son impertinence ; ce fut le point de départ d'une haine qui poursuivit l'Abba jusqu'à la mort. Il voulut aussi essayer d'obtenir la solution des doutes qui le tourmentaient toujours ; mais le patriarche le renvoya au nouvel évêque, qui ne sut que lui répondre, le renvoyant, à son tour, au patriarche, lequel se moqua de lui. — Ceci écœura cet esprit si loyal ; là où il espérait trouver la lumière, rien ne venait déchirer le bandeau qui lui voilait la vérité.

Le patriarche aurait voulu dissuader les ambassadeurs d'aller à Jérusalem, mais il se heurta à une volonté tellement irréductible de leur part, qu'il dut céder et leur permettre, bien à contre-cœur, de réclamer encore l'aide de M. de Jacobis. Celui-ci les accueillit avec sa bonté habituelle, finit par les décider à braver la défense du patriarche, et s'embarqua avec eux pour se rendre à Rome.

A Rome. — Dès que les délégués se virent en dehors de la tyrannie du patriarche, ils respirèrent plus à l'aise. Abba Ghèbrè-Michaël, sous l'aiguillon de sa passion pour la science, et de son désir d'investigation qui primait tout en lui, était heureux de voir la contre-partie des questions qui le préoccupaient tant. Ce n'est pas qu'il espérait trouver à Rome la vérité qu'il poursuivait depuis si longtemps, car ses préjugés lui bandaient trop les yeux ; mais c'était pour lui une occasion unique d'observer, de contrôler et de démêler le vrai du faux, au milieu de tant d'églises et de sectes qui se disputaient le monopole de l'orthodoxie.

De son côté, M. de Jacobis écrivait au Préfet de la Propagande : « Mes égarés verront la différence qu'il y a entre une mère et une marâtre ; ce voyage sera pour mes Abyssins, le meilleur cours de théologie. »

Il disait vrai.

L'impression produite sur eux par le spectacle de la Ville Éternelle, la réception touchante dont les honora le Saint-Père, la comparaison qu'ils firent

de l'Eglise catholique avec toutes les autres églises
orientales, tout cela changea leur cœur et ébranla
les préjugés, si vivaces pourtant, qu'ils avaient
contre le catholicisme. Ils se rappelèrent qu'à
ses débuts l'Eglise d'Abyssinie avait été la fille
de l'Eglise Romaine ; et si le spectacle de la Vérité
qui luisait, alors, clairement à leurs yeux, ne suffit
pas à les convertir, c'est qu'un opportuniste latent
auquel ils sacrifiaient tout, leur en barrait le chemin. Toutefois, l'impression qu'ils en ressentirent
fut très forte et Abba Ghèbrè-Michaël s'y raccro-
chera plus tard, aux heures dures et décisives où il
verra tout sombrer autour de lui.

A Jérusalem. — De Rome, nos pèlerins, après
un voyage épuisant où ils faillirent périr, arrivèrent
à Jérusalem. En face de cette terre privilégiée, ils
étaient ravis et comme en extase. Ils s'exclamaient,
poussaient des soupirs d'actions de grâce, se frap-
pant la poitrine et leur piété s'exhalait en prières
ardentes. Ils furent reçus par les Pères de Terre
Sainte qui leur ménagèrent le plus cordial accueil.

Ils visitèrent le Saint Sépulcre et Bethléem, ils se
mirent en relation avec leurs frères bien abandon-
nés et délaissés dans la Ville Sainte, ils réclamèrent
pour eux, auprès du patriarche arménien qui avait
hérité de leurs droits, les secours qu'il s'était engagé
à leur fournir. Ils profitèrent, surtout Abba Ghèbrè-
Michaël, de cette occasion unique pour étudier sur
place les diverses sectes, avec leurs nuances théologiques spéciales, et pour se documenter à fond, sur
toutes les questions dogmatiques qui les intéres-
saient.

Le bruit de leur voyage et de l'accueil si paternel
qu'ils avaient reçu à Rome, les ayant précédé, chacun voulait les voir, et chaque église tenait à s'attirer leurs bonnes grâces. Mais eux passèrent indif-

férents, ne cachant pas l'impression si forte que Rome avait faite sur eux, laissant pourtant deviner qu'ils restaient fidèles à leur foi nationale.

Traversant l'Arabie, ils revinrent au Caire.

Retour en Abyssinie. — Sur le point de rentrer en son pays, Abba Ghèbrè-Michaël voulait avoir le cœur net, au sujet de la déclaration doctrinale que le patriarche avait faite lors de l'élection du nouvel évêque Salama, et que celui-ci avait emportée pour la promulguer en Ethiopie. Il n'eut de cesse qu'il n'obtint une profession de foi conforme à la sienne. Il l'eut, par écrit, signée du patriarche. C'était pour lui une pièce de haute valeur, qui lui permettrait bientôt de confondre le métropolitain d'Abyssinie et, pensait-il, de faire enfin, l'unité de doctrine dans son pauvre pays, dogmatiquement si divisé.

Le patriarche avait suffisamment compris que, malgré leur enthousiasme pour la Rome catholique, les ambassadeurs n'avaient nullement l'intention de se convertir mais, au contraire, de faire triompher leur propre croyance au sein de l'église éthiopienne. Quant à Abba Ghèbrè-Michaël, pour le moment, il triomphe. Malgré les impressions que la vérité catholique avait produites en lui, il ne voit en elle qu'un seul point vraiment intéressant pour lui : le catholicisme confirme sa propre croyance, ce qui est, à ses yeux, un argument de plus en sa faveur. Il a encore tout de l'hérétique, du fanatique même, et il ne veut pas voir son église à lui éclipsée par celle de Rome. Il a beau admirer en M. de Jacobis, dont il subit malgré lui le formidable ascendant, un champion de la plus haute valeur, et comme l'incarnation des plus sublimes vertus évangéliques, il décide, de toute sa volonté de fer, de le combattre à outrance, parce que le triomphe du missionnaire catholique en Éthiopie, serait la défaite et la ruine de son rêve.

Il ne songeait donc qu'à une chose, qu'il préparait déjà : le coup doctrinal qu'il comptait opérer par la promulgation officielle du décret dont il était porteur. C'est dans ces sentiments qu'il reprit la route de son pays. Après une longue et pénible traversée qui, comme la première, se fit sur un frêle esquif longeant péniblement les côtes de la Mer Rouge, les pèlerins, le 3 avril 1842, débarquèrent à Massaouah.

Arrivée en Éthiopie. — Durant le voyage des ambassadeurs, bien des événements politiques avaient changé, en Abyssinie, la face des choses. Oubié avait quitté le Nord pour se rendre dans le Sémién, et c'était jouer gros jeu pour Abba Ghèbrè-Michaël, que de traverser les régions intermédiaires dont les chefs étaient ennemis du Prince, et de se rendre jusqu'à lui. De plus, son retour avait été signalé, et des espions à la solde du nouvel Abouna, avaient été postés sur la route avec ordre de tuer le terrible moine, porteur des lettres du patriarche, lettres qui devaient abattre l'opinion des autres sectes. Il fallait à tout prix supprimer le document et son porteur. Les moyens les plus radicaux avaient été décidés.

Malgré cela, la caravane prit la route du Sémién ; mais Abba Ghèbrè-Michaël, pour ne pas affronter inutilement une mort inévitable, crut plus prudent de se cacher pour un temps. Il se retira dans un ermitage où, tout d'abord bien reçu, il ne tarda pas à heurter l'opinion dogmatique de ses hôtes, qui complotèrent, eux aussi, de le mettre à mort pour débarrasser leur secte de ce redoutable adversaire. Averti par un moine que le remords avait troublé, il réussit à s'enfuir d'un refuge si périlleux.

Il se rendit dans un autre couvent de son ordre et de sa secte, et là il put attendre en sécurité la fin de la saison des pluies.

Ayant appris qu'Oubié avait de nouveau traversé le Tékkézé, il crut le moment opportun pour se rendre auprès de lui. Ses ennemis ayant perdu sa piste, le silence commençait à se faire autour de son nom.

Prenant des chemins détournés, il atteignit Adoua.

Là, il se rendit chez M. de Jacobis qui lui fit l'accueil le plus paternel. Mais l'Abba, heureux de retrouver l'indéfectible amitié de son hôte, n'avait pas, pour cela, changé ses idées et ses espoirs. Il s'était aveuglément fixé un but : le triomphe, dans l'Eglise Ethiopienne, de la profession de foi dont il détenait la formule. Tout le reste n'existait plus pour lui.

En route pour Gondar. — La passion de sa vie le rendait aveugle ; il n'entrevoyait plus que son retour à Gondar, et la victoire certaine qu'il allait y remporter, en remettant solennellement à l'Abouna le message patriarcal. Ce succès qu'il entrevoyait dans ses rêves, empoignait son âme et galvanisait toutes ses énergies ; mais ce n'était pas tout. Il voulait encore, après avoir fait proclamer ce qui à ses yeux était la vérité, tourner ses armes contre le missionnaire catholique. Il l'estimait, sans doute, mais il voyait surtout, en lui, l'adversaire juré de l'Eglise copte. Il comptait donc fermement sur sa victoire et son succès, pour obtenir d'urgence son éloignement du pays.

Il s'en alla donc, à la façon de Saul sur la route de Damas ; mais l'éclair de grâce qui doit le renverser, ne va pas tarder à briller dans son ciel.

Malgré toutes les précautions qu'il avait prises pour passer inaperçu, il fut reconnu par les espions lancés contre lui. L'un d'eux qu'il rencontra sur la route, voulut se joindre à lui pour lui rendre tous les services que son âge méritait.

Il se chargea, aux étapes, de cuire le pain sur la braise... Or il arriva, qu'un jour, le pain était empoisonné. Le traître s'enfuit, laissant là le pauvre moine qui se vit, bientôt, réduit à la dernière extrémité. Mais avec la farouche énergie qui le caractérisait, Abba Ghèbrè-Michaël eut la force d'avaler un énergique contre poison et, continuant péniblement sa route, il arriva à Gondar.

Préparatifs de l'assemblée à Gondar. — Son arrivée mit la capitale en ébullition. Pour éviter tout danger, il se rendit chez son royal élève l'Atié Yohannès, qui lui fit le plus chaleureux accueil.

Le grand lutteur qui tenait en haleine toute la capitale, vit bientôt arriver vers lui les chefs des églises et des écoles, curieux d'avoir des nouvelles. Il leur fit part, en substance, de la teneur du décret qui lui avait été confié.

L'Abouna Salama l'ayant appris, conçut une violente colère et voulut, sur le champ, mettre Abba Ghèbrè-Michaël en état d'arrestation.

L'inviolabilité de la maison du chef des moines où il s'était réfugié, le sauva de cet attentat.

Liberté lui fut laissée jusqu'à la convocation d'une assemblée synodale, où la lettre du patriarche devait être promulguée.

L'astucieux prélat redoutait l'éclat d'une si nombreuse réunion de clercs et de lettrés, et la promulgation d'une décrétale. Prévoyant qu'il aurait ensuite les mains liées, et qu'il lui deviendrait impossible de dominer toutes les écoles de l'Ethiopie, il chercha et trouva un moyen de conjurer le triomphe que ses ennemis annonçaient déjà...

Tenue de l'assemblée. — Au jour fixé, l'assemblée eut lieu dans son propre palais. Tout le clergé, tous les moines de Gondar étaient là. Abba Ghèbrè-Michaël prit place dans la tribune et, au milieu d'un impressionnant silence, il fut invité par l'Abouna à produire la lettre patriarcale.

Comme cette lettre était écrite en arabe, le métropolitain avait promis d'inviter à l'assemblée un docte français, M. Antoine d'Abbadie. Mais celui-ci ne fut pas convoqué. Malgré tout, l'Abba remit à l'Abouna Salama la décrétale dont il était porteur. Celui-ci en ayant pris connaissance, plia le parchemin, le mit dans sa poche et refusa énergiquement de donner connaissance du document si impatiemment attendu.

Cet acte audacieux souleva un grand tumulte, et provoqua une stupéfaction générale, pendant que le papas se riait des plaintes et des objurgations qui montaient jusqu'à lui. Abba Ghèbrè-Michaël, outré d'une si outrageante indignité, véritable révolte envers l'autorité patriarcale, déclara que, désormais, lui et tous les membres de la réunion, se refusaient à reconnaître Salama pour leur métropolitain. A ces mots, les sicaires de l'Abouna se jetèrent sur lui et le frappèrent au visage ; tiraillé, on lui déchira ses vêtements et on l'entraîna au cachot épiscopal, pour l'enchaîner. Mais Salama eut peur des vengeances d'Atié Yohannès, ami d'Abba Ghèbrè-Michaël et le fit mettre en liberté.

Abba Ghèbrè-Michaël sauve son ennemi. — Ce coup de théâtre mit le feu aux poudres, dans tous les camps ecclésiastiques, qui jurèrent de se venger. Une vaste conspiration fut ourdie par les chefs d'école et par la plus grande partie du clergé de Gondar. La Reine elle-même, prenant fait et cause pour Abba Ghèbrè-Michaël, convoqua un grand conseil qui devait décider du sort du prélat prévaricateur. Dès que le conseil fut réuni, l'on se concerta sur le moyen d'éloigner du pays l'évêque indigne. Les plus pondérés proposèrent de le renvoyer en Egypte ; mais d'autres, plus ardents, parlèrent de l'emmener captif au Choa et là, dans une dure détention, sous les traitements coërcitifs d'un tortionnaire, de le réduire à l'alternative suivante : ou se rendre à merci ou périr. Sentant l'orage gronder et voyant le roi incliner vers ce dernier parti, Abba Ghèbrè-Michaël intervint pour épargner, au papas, son ennemi, cette fin terrible.

Ses sages conseils de modération et de prudence furent entendus et, grâce à lui, la condamnation à la torture et à la mort, fut commuée en la peine de bannissement. Chassé du siège de Gondar, Salama se retira près d'Adoua.

CHAPITRE II

Ghèbrè-Michaël catholique

Vers la Conversion. — Abba Ghèbrè-Michaël était de ces âmes loyales qui cherchent avant tout le royaume de Dieu. Egaré par son fanatisme atavique, il ne soupçonnait même pas qu'il faisait fausse route. Il fallut que, finalement, il assistât à la ruine de son rêve, qu'il vit crouler autour de lui l'échafaudage hardi de ses plus grands projets, pour qu'il rentrât en lui-même et y rencontrât Dieu. Son orgueil inconscient venait de subir un douloureux échec ; mais « la foi commence où finit l'orgueil. »

Le valeureux champion était abattu, découragé. Il sentait venir une crise, et pour la mieux traverser, il rechercha le calme et le silence et se retira à la maison de campagne d'Atié Yohannès, au Dèmbia. Là, seul en face de lui-même, la méditation ramena ses pensées sur toute la suite providentielle de ses pérégrinations. Il refit, par le souvenir, ses voyages d'outre-mer ; il revécut ces heures inoubliables qu'il avait vécues à Rome.

Après quoi, il se revit, fougueux porteur de la lettre patriarcale, d'abord sûr de vaincre, puis déplorablement vaincu. Il avait passé près de la vérité sans la reconnaître ; mais on n'éteint pas le soleil en se bandant les yeux...

Il voulait rétablir l'unité de croyance parmi ses compatriotes ! Quelle utopie ! Mais comme il était sincère ! Il échoua et cet échec le sauva. C'est à cette heure de sa vie que la grâce l'attendait. L'insuccès de son plan hardi, et la désillusion qui s'ensuivit, furent comme deux éclairs qui s'en vinrent déchirer les ombres et triompher de son irréductible ténacité. Sa marche fut arrêtée, soudain, comme au bord d'un abîme ; il se reprocha alors, la répugnance et l'invincible antipathie qui l'éloignait de la foi catholique, son arrogance de sectaire, son fanatisme irraisonné et, sans plus tarder, il quitta tout pour aller retrouver M. de Jacobis à Adoua.

La Conversion. — Le saint missionnaire n'avait pas perdu de vue cette âme qui lui avait paru si noble. D'Adoua il avait suivi avec anxiété le sort du message patriarcal, dont les conséquences auraient pu atteindre son œuvre si difficilement entreprise. Quand il apprit ce qui s'était passé à Gondar, un heureux pressentiment sembla lui dire que Ghèbrè-Michaël lui reviendrait bientôt. Il attendait...

Avec quel transport de joie ne reçut-il pas dans ses bras la brebis errante, involontairement égarée ! Le néophyte, pourtant, ne venait pas se rendre comme un vaincu. Bien des difficultés anciennes et nouvelles entretenaient encore en lui de longues hésitations. Il se livra donc, tout d'abord, à une étude approfondie de la foi catholique, tantôt avec l'obstination du combattant qui veut résister jusqu'au bout, tantôt avec la réserve du chercheur infatigable, qui ne veut se reposer qu'au terme de ses investigations.

Il passa plus de cinq mois dans les controverses quotidiennes. Mais quand tous les obstacles furent aplanis, il s'avança vers la Vérité enfin connue, comme sous l'éclat bienfaisant d'un soleil sans ombre, et il l'embrassa avec d'autant plus d'amour, que sa conquête lui avait coûté plus d'efforts et de luttes.

Lors de son adjuration solennelle, son âme reçut des grâces de force qu'il n'avait pas connues jusque-là. Il était transformé. Et comme l'on ne croit jamais pour soi tout seul, une fois en possession de la vérité, il n'eut plus qu'un désir : la donner à ceux qui ne l'ont pas ! Ce fut une fête intime, pleine d'une sainte allégresse, dans la petite communauté d'Adoua, en février 1844, quand Abba Ghèbrè-Michaël fit son adjuration, et fut reçu au sein de cette église Romaine, pour laquelle il voulait vivre désormais, et pour laquelle il devait mourir.

Quant à M. de Jacobis, quelle joie ! Quel réconfort ! quel admirable appui ! L'exemple d'un si illustre maître devait, en effet, produire un puissant entraînement et être, pour la terre d'Ethiopie, un germe fécond de grâces et de salut.

Professeur et controversiste. — Désormais, tout à la joie de connaître et d'aimer la vérité enfin conquise, Abba Ghèbrè-Michaël n'eut qu'un regret, celui de s'être, jusque-là, affreusement trompé, et qu'un désir, celui de convertir autour de lui ses frères. Il se mit, dès lors, à la disposition du Préfet apostolique, et commença une vie entièrement consacrée à l'école et à la controverse. Sa chambre était devenue le rendez-vous de tous ceux qui voulaient s'instruire et de ceux, plus nombreux, qui cherchaient à mettre à l'épreuve la science théologique du missionnaire catholique et de son nouveau converti.

Mais là, ils se heurtaient à plus forts qu'eux et s'en allaient, sinon convaincus, du moins, confondus. Abba Ghèbrè-Michaël s'employa aussi à écrire plusieurs livres pour l'instruction des séminaristes et la défense de la foi.

Non content de ces services précieux que seul il pouvait rendre, il suivit le zélé missionnaire dans ses tournées apostoliques et, particulièrement, dans sa visite aux monastères. Leur but en allant fouiller les bibliothèques poudreuses des couvents abyssins, était d'y découvrir des textes établissant ou prouvant les dogmes catholiques. Ils eurent le bonheur d'en trouver un certain nombre, ce qui permit au docte moine de composer un travail, où la religion catholique était prouvée par des arguments ou des textes empruntés aux livres éthiopiens. Malheureusement ce livre précieux n'est pas parvenu jusqu'à nous.

Durant ces visites aux monastères, Abba Ghêbrè-Michaël retrouva ses anciens hôtes et élèves du couvent de Goundè-Goundè, et il eut le bonheur de voir six d'entre eux, entraînés par son exemple, se mettre à la suite de M. de Jacobis et s'instruire de la religion catholique. En sorte que, soit dans le monde, soit dans les couvents, grâce à l'influence et au zèle du nouveau converti, des âmes nombreuses quittaient les ténèbres pour venir à la lumière.

Fondation de Gouala. — Etabli déjà à Adoua, M. de Jacobis cherchait un autre poste ; la proximité d'une ville aussi turbulente ne cadrait pas avec le calme nécessaire à une école et à un séminaire. Après avoir longtemps cherché, il finit par fixer son choix sur le village de Gouala, dans l'Agamié. L'un de ses prêtres en était originaire, la proximité du couvent de Goundè-Goundè qui devait fournir plusieurs conversions, l'emplacement idéal, tout semblait désigner ce pays comme centre d'une chrétienté. L'affaire fut difficile et longue ; l'installation d'un « frendji, » et quel « frendji ! » ne pouvait manquer d'attirer sur le pays les coups du fanatisme en cas de persécution. Mais la présence d'Abba

Ghèbrè-Michaël, accompagnant Abba Tèklè-Haïmanot originaire de Gouala, permit de conduire à bonne fin l'affaire si délicate. Après un mois de pourparlers, durant lequel il fallut faire le siège de tous les principaux du pays, les uns après les autres, l'accord fut conclu.

Avec une joie facile à deviner, le missionnaire et tout son personnel arrivèrent à Gouala, le 10 décembre 1844. Le contrat passé, on en inscrivit l'acte avec le nom des vendeurs, dans l'Evangéliaire de l'Eglise de Gouala.

Cet établissement providentiel qui, par la suite, subirait tant de vicissitudes, fut celui qui devait donner à la mission le plus de soucis et les plus belles consolations. C'est là que notre nouveau converti va passer les quelques années qui le séparent de la prison.

Au Séminaire de Gouala. — Dès que la maison fut bâtie, la vie de prière et d'étude commença. Chaque matin, après la messe, le catéchisme se faisait pour les enfants et même les grandes personnes ; des prêtres du pays, même, y assistaient.

Venait ensuite le chant ecclésiastique qui, doucement, dans le bosquet, s'élevait près de la vieille église, et la journée se passait ainsi à prier et à travailler.

Ces quelques mois de calme étaient trop beaux et ne pouvaient pas durer. L'Abouna Salama, de son fief d'Addi-Aboun, à deux jours de Gouala, surveillait la chrétienté naissante et ne pouvait se décider à la laisser vivre. Il envoya un de ses moines qui, sur la place du marché, près de Gouala, lança l'excommunication suivante : « Ecoutez tous, chrétiens ! Moi, Salama, j'excommunie quiconque reçoit le « frendji » Yacob (M. de Jacobis); quiconque touche de lui de l'argent ; parce qu'il dit qu'en Jésus-

Christ il y a deux natures et qu'il appelle Léon (St Léon le Grand) saint, et Dioscore, impur. Et tous les prêtres en chœur d'ajouter : « Nous aussi, nous les excommunions. »

Mais cette première foudre, terrible en elle-même, ne produisit pas le résultat qu'en espérait celui qui la lança. Il était trop loin ; de plus, par une maladresse insigne, ayant lui-même reçu de l'argent de M. de Jacobis, il était pris dans son propre piège.

Ce fut, justement après cette excommunication, que l'affluence vers Gouala fut plus nombreuse et qu'un grand mouvement de conversions se dessina. Des curés accouraient, amenant leurs paroissiens. Jusqu'au milieu des camps, la grâce allait cueillir les âmes.

Formation des Prêtres. — A côté de cette œuvre déjà si belle, s'en présentait une autre, délicate entre toutes, et qu'Abba Ghèbrè-Michaël était seul apte à mener à bonne fin. Le séminaire de Gouala comptait une quinzaine de prêtres des environs, qui avaient déjà embrassé la religion catholique. Or il était bien difficile de leur faire admettre que, sans s'en douter, ils n'étaient pas prêtres, vu que leur ordination (sans parler, hélas ! de leur baptême), était absolument invalide. Il fallait donc, non seulement les instruire, les former, supprimer les objections qui fourmillaient dans leur esprit prévenu, combattre leurs préjugés puissants et faire table rase des préventions dont le schisme les avait imbus, mais leur faire admettre la nullité de leur titre sacerdotal.

Cela les choquait douloureusement dans leur dignité professionnelle, les amoindrissait à leurs propres yeux et les obligeait à l'humiliante confusion d'avouer la vérité devant le public de la région. Cependant, ils furent facilement convaincus par le

simple exposé de la parodie sacrilège des ordinations dont ils avaient, eux-mêmes, été les témoins.

De tout côté, des villages, des tribus entières de-
mandaient à se convertir ; mais, hélas ! le nombre
des ouvriers était par trop restreint ! M. de Jacobis, alors, lança vers Rome un appel qui fut entendu. En octobre 1846, Mgr Massaïa, vicaire apostolique des Galla, débarquait à Massaouah. Il avait
reçu, de la S. Cong. de la Propagande, l'ordre de
passer par l'Abyssinie, pour rendre service au Préfet apostolique, en vue des ordinations sacerdotales.

Dès lors, M. de Jacobis, de concert avec Abba
Ghèbrè-Michaël, s'occupa plus particulièrement de
préparer les prêtres convertis, à la réception des
Saints Ordres. Leur joie était au comble, mais on
dût leur recommander le silence le plus sévère, car
si Salama venait à apprendre qu'on tenait pour in-
valides les ordinations faites par lui, il entrerait
dans une de ses frénésies coutumières et voudrait
se venger.

Et ce fut vraiment édifiant de voir ces ordinations secrètes, rappelant celles des catacombes ; la
joie fut tempérée par la vue des obligations très
graves imposées de ce chef, obligations que les circonstances allaient rendre plus graves encore ! C'est
alors que furent ordonnés les quinze prêtres convertis, plusieurs moines et quelques-uns des élèves
du séminaire, sur lesquels le préfet apostolique fon-
dait son plus grand espoir.

Première phase de la persécution. — Abba
Ghèbrè-Michaël ne cessait de penser à ses amis
de Gondar, à qui il aurait tant voulu faire parta-
ger sa croyance.

Profitant du repos forcé que lui donnaient les
ordinations, il crut le moment favorable de donner
suite à un projet caressé depuis longtemps. Il vou-

lait aller trouver son ancien et royal élève, Atié Yohannès, et essayer de l'amener à la religion catholique. Les grandes âmes ont facilement de grands désirs, et ne savent pas s'arrêter aux obstacles, qui ne font que les électriser.

Il partit donc pour Gondar. Là, grâce à lui, un véritable élan pour le catholicisme donnait les plus belles espérances ; mais la persécution devait venir bientôt faire tomber ces fleurs trop frêles et trembler ces cœurs encore pusillanimes. Atié Yohannès s'achemina lui-même vers l'adoption personnelle de la vérité catholique, et se nourrit des raisons irréductibles que l'Abba soumettait chaque jour à ses réflexions.

Mais Salama veillait, avec toute sa haine et toute sa rage. Il n'hésitait pas à écrire aux chefs de l'Agamié : « Tuez Abba Yacob avec tous les siens ! Si vous mettez à mort un de ceux qui se sont convertis à sa religion, vous aurez sept couronnes dans le ciel ! Mais si vous refusez de m'obéir sur ce point, je vous excommunierai tous. »

Ses affidés lui prêtaient main forte ; plusieurs tentatives furent faites contre la maison de Gouala, mais elles avortèrent. Pourtant l'orage était partout dans l'air. Il allait éclater.

Pillage d'Alitiéna. — M. de Jacobis était à Alitiéna, quand une bande de soldats fondit sur le pays ; l'église et le presbytère furent brûlés, et les catholiques obligés de s'enfuir dans leurs abruptes montagnes. Apprenant que les prêtres de Gouala avaient été enchaînés et mis en prison, le Préfet apostolique, comprenant que les heures graves allaient sonner pour lui, se décida à une tentative hardie. Avec un seul compagnon, ne voyageant que de nuit, et par des chemins peu fréquentés, il se rendit devant le Dèdjatch Oubié, pour en appeler à lui de toutes les vexations de l'Abouna et de ses sicaires.

L'arrivée du missionnaire étonna le prince, qui admira son courage d'avoir osé entreprendre un voyage si long et si périlleux. M. de Jacobis fut assez heureux pour décider Oubié à venir dans le Tigré pour y rétablir l'ordre. « Vous partirez avec moi, lui dit le prince ; sans cela, cet abouna serait bien capable de vous faire assassiner en chemin ! »

A peine de retour à Gouala, M. de Jacobis vit, de nouveau, éclater l'orage. Malgré les précautions prises pour écarter toute indiscrétion sur les ordinations faites par Mgr Massaïa, le bruit en arriva aux oreilles de Salama qui se mit à pousser des cris de rage. Il renouvela, alors, avec plus d'instances encore, l'ordre qu'il avait donné aux chefs de l'Agamié, de tuer M. de Jacobis et tous les catholiques. Malgré le danger tout proche, le Préfet apostolique se contenta de mettre les objets sacrés en sécurité, dans les cavernes environnantes et resta chez lui, prêt à tout.

Un simple incident devait mettre le feu aux poudres. Une lettre, adressée à Mgr Massaïa, tomba aux mains de l'Abouna Salama. Ce dernier avait donc la preuve matérielle qu'un autre évêque avait pénétré chez lui. Il envoya d'urgence la lettre aux prince Oubié. Celui-ci se vit obligé de donner au conflit une solution qui satisfît le métropolitain ; mais il voulut, en même temps, sauver M. de Jacobis qu'il estimait beaucoup. Il se contenta donc d'ordonner au Préfet apostolique, de faire partir immédiatement l'évêque étranger.

Pillage de Gouala. — Dès lors, rien ne put retenir la rage inassouvie de Salama. Les foudres de ses ordonnances et de ses excommunications se succédèrent sans répit, de plus en plus terribles, jetant l'épouvante dans les cœurs et finissant par ébranler les néophytes moins instruits, ou moins fermes dans leur foi. Les fidèles plus courageux s'exilèrent de leurs demeures, demandant un abri aux cavernes des montagnes.

Oubié aurait voulu défendre M. de Jacobis, mais il redoutait la puissance du papas. Ce dernier finit par excommunier le prince lui-même, avec défense de « lui donner l'eau et le bois. » De même, il interdit d'ouvrir les églises, d'administrer le baptême et de faire les funérailles ecclésiastiques.

Cet interdit dura trois mois. Salama avait, enfin, atteint son but. Les populations consternées se mirent à murmurer, accusant Oubié d'être la cause de tous ces châtiments. Celui-ci craignant de perdre son autorité, dût céder et se réconcilier avec Salama qui y mit comme condition que le prêtre « frendji » serait chassé.

M. de Jacobis fut donc conduit jusqu'à la plage brûlée de Massaouah, par un officier d'Oubié, le 10 octobre 1848. Lui parti, ses « enfants » ne pouvaient rester seuls à Gouala. Il leur ordonna de descendre à Alitiéna, dans les horribles montagnes des Choos, plus propres à s'y cacher en cas de poursuite ou de persécution.

Dès qu'ils furent partis la maison fut pillée, plus tard brûlée. Quant aux néophytes, ils entendirent bientôt publier l'édit suivant : « Tous ceux qui, dans deux mois, n'auront pas la même foi que celle de l'abouna, seront sévèrement punis ! » C'était l'édit officiel annonçant la persécution.

Abba Ghèbrè-Michaël remplace M. de Jacobis à Alitiéna. — Quand le Préfet apostolique partit, l'âme en deuil, sa douleur fut un peu consolée par la pensée qu'il laissait derrière lui un lieutenant, ayant toutes les qualités voulues d'expérience et de force, pour veiller à la défense et à la sécurité de son petit troupeau. Il comptait sur lui pour soutenir les néophytes dans l'épreuve qui les attendait. Le départ de leur Père, les vexations, les menaces qu'on sentait suspendues, avaient produit sur eux une dépression et un effarement voisins du désespoir. Plus que jamais, à cette heure difficile, le dévouement, la présence d'esprit et le courage impassible d'Abba Ghèbrè-Michaël furent, pour la petite communauté tremblante, un secours précieux. Sa force d'âme était communicative. Grâce à ses exhortations et à son exemple, un généreux élan s'en vint ranimer tous les cœurs.

Cependant, une grande partie des néophytes de l'Agamié, apostasia. Quant à ceux qu'animait un plus fier courage, ils s'attachèrent au « chef » chargé de rassembler autour de lui les troupes restées fidèles, et le suivirent dans les déserts sauvages où ils trouvèrent un abri. L'énumération de toutes les souffrances endurées dans les fers, des mauvais traitements subis, des pertes et des ruines accumulées alors, est navrante.....

Pourtant, durant les deux années qui suivirent, la petite communauté d'Alitiéna put vivre sans être molestée ; l'ordre des études et des exercices de piété put y être rétabli, selon les directives du Père absent. Abba Ghèbrè-Michaël, par la seule vénération qui l'entourait, imprimait profondément dans les esprits et les cœurs une foi de plus en plus vive et, partant, une docilité respectueuse La pépinière promettait des sujets dignes du sacerdoce, et utiles à cette pauvre Mission si ballottée dès son berceau.

A Gouala, le calme qui succède aux orages, était retombé sur des ruines, ruines physiques et morales ; la triste paix, celle qu'on accorde aux vaincus, planait sur ce champ désormais dévasté, tandis que celui qui avait été l'âme de ce travail surhumain, était là-bas, à la côte, triste, seul, exilé à Massaouah.

Sacre de Mgr de Jacobis. — Pour soutenir la petite église naissante, la Providence ordonna, alors, à M. de Jacobis de recevoir la consécration épiscopale. Après une lutte d'un an, duran' laquelle l'humilité prodigieuse de l'homme de Dieu résista, en face d'un honneur dont il ne se croyait pas digne, la consécration eut lieu à Massaouah dans des circonstances tragiques, à l'heure où l'élément musulman songeait à massacrer tous les chrétiens présents dans l'île. Le secret de cette ordination fut tellement bien gardé que, durant huit ans, il ne fut révélé qu'aux intimes, aux prêtres ; et, par une grâce spéciale, Abba Ghèbrè-Michaël fut, plus tard, le premier à bénéficier des pouvoirs épiscopaux de son Père spirituel.

Un grave dissentiment s'étant élevé parmi la communauté d'Alitiéna, Mgr de Jacobis y rentra, malgré l'édit d'expulsion qui pesait sur lui, Toujours séduit par l'espoir de convertir le clergé de Gondar, Abba Ghèbrè-Michaël reçut de lui l'autorisation d'y partir. Mais à peine arrivé à Adoua, trahi par un faux frère, il fut pris par les gens de l'abouna qui le mirent en prison. Il y resta enchaîné durant 70 jours ; seule l'intervention d'Oubié put l'arracher à son persécuteur. Voyant en cet événement la main de Dieu, Abba Ghèbrè-Michaël comprit que sa place était à Alitiéna, auprès de son Père. Il y retourna donc et y fut reçu avec des explosions d'allégresse.

Abba Ghèbrè-Michaël est ordonné prêtre. — Une fois de retour, notre Abba se mit, dans le calme, à cultiver les vertus les plus hautes de l'Evangile, surtout l'humilité dont il sentait avoir surtout besoin. Trop tenté, par sa nature batailleuse, à se fier à ses propres lumières et à ses propres forces, il voulait arriver à se convaincre de sa faiblesse et de l'impuissance totale où il était de se conduire seul.

Ce fut durant cette longue retraite où son âme se préparait aux luttes futures, que Mgr de Jacobis lui suggéra la pensée et le désir qu'il avait de le voir devenir prêtre. A l'étonnement du début, car le sacerdoce n'avait jamais été envisagé par lui, succéda l'apaisement de l'âme qui a compris que la prêtrise est le moyen le plus certain de se rapprocher de Dieu, et de vivre dans une plus grande perfection. Il y vit aussi un moyen de procurer plus efficacement la gloire de Dieu et le salut des âmes. Il était déjà le champion de la Foi ; l'idée lui sourit de devenir, de plus, son apôtre.

Ce ne fut qu'après une année complète de préparation que, le 1er janvier 1851, Abba Ghèbrè-Michaël reçut la prêtrise. Il avait 59 ans. La cérémonie s'accomplit en secret, dans la grossière bâtisse qui servait, alors, d'église paroissiale ; mais elle n'en fut pas moins très pieuse, et remplit le nouveau prêtre d'une joie intérieure qui le transfigura.

Retour à Gondar. — Peu de temps après, Abba Ghèbrè-Michaël fut envoyé à Gondar, car ses talents devaient être plus utiles à la capitale qu'au sein des populations ignorantes d'Alitiéna. Il espérait amener le roi lui-même à la foi catholique et, par là, produire parmi les lettrés et le peuple, un mouvement d'entraînement vers la vérité.

Mais la situation à Gondar n'était plus la même. L'effervescence qui attirait la ville vers la religion catholique était tombée ; quelques âmes se convertirent, il est vrai, mais notre Abba ne put qu'entretenir une certaine absence d'opposition, sans espérer des actes positifs. De plus, la fortune de Salama se relevait ; il avait reconquis une puissante et redoutable influence. Oublié lui-même s'étant soumis sous les foudres de l'excommunication, le métropolitain voyait son piédestal se relever, et la crainte qu'il inspirait empêchait les âmes pusillanimes de suivre une voie qui ne pouvait réserver que des déboires. Et puis, l'on était arrivé à un tournant de l'histoire d'Ethiopie ; une révolution allait bientôt éclater, qui devait bouleverser le pays et faire la fortune de Salama.

Un soldat de fortune, nommé Cassa, se dressa contre ses maîtres et, favorisé par le sort des armes, chassa ses rivaux et finit par s'installer à leur place. Il sera couronné, plus tard, sous le nom de Théodoros.

Abba Ghèbrè-Michaël eut à soutenir, à Gondar, un véritable siège dans la petite maison de la Mission. A la faveur de l'agitation qui bouleversait l'empire, les ennemis de la foi catholique se sentaient plus forts. Sûrs d'être impunis et de plaire à l'évêque, les membres du haut clergé d'accord avec le chef de la ville, essayèrent de tous les moyens pour chasser le moine catholique. Mais celui-ci tint bon et son mâle courage en imposa, pour un temps, à ses adversaires.

Peu de temps après, Mgr de Jacobis arriva à Gondar. Ayant acquis la quasi certitude que les prêtres schismatiques administrent le Baptême de telle façon qu'il est, le plus souvent, invalide, il se vit dans l'obligation de réitérer à Abba Ghèbrè-Michaël, toutes les ordinations qu'il avait reçues, après lui avoir donné le Baptême sous condition. Cet acte accompli, le Vicaire apostolique résolut de rester à Gondar, jusqu'à ce que luise une éclaircie dans les événements qui bouleversaient alors le royaume.

Il ne se doutait pas, alors, que la prison allait bientôt s'ouvrir pour lui et ses compagnons, et qu'Abba Ghèbrè-Michaël finirait par avoir l'honneur d'arroser de son sang la terre de son pays.

CHAPITRE III

Le martyre

Pacte de Cassa avec l'Abouna. — Cassa était donc seul maître de l'empire. Pour raffermir son trône, il conclut un pacte avec Salama, et s'engagea à rétablir l'unité religieuse, en imposant la profession d'une formule doctrinale rédigée par l'Abouna. En voici le texte : « Si quelqu'un ne croit pas que Jésus-Christ est Dieu en son humanité, et qu'en tant qu'homme il a la même science que le Père et le Saint-Esprit, me levant, je lui couperai le cou, me baissant je lui couperai le pied. » C'était l'erreur monophysique. Le conquérant demanda en outre d'être sacré, par l'Abouna, Roi des Rois d'Ethiopie. En retour celui-ci exigea la proscription des missionnaires catholiques et la destruction de leurs établissements...

« O Père de mon âme, répondit l'ambitieux souverain, pourvu que vous souteniez ma domination, vos désirs seront exécutés comme des ordres ! » La mission était perdue.

Début de la Persécution. — Cependant, à Gondar, Mgr de Jacobis et Abba Ghèbrè-Michaël virent venir à eux le clergé d'une église, professant la foi aux deux natures dans le Christ ; mais bientôt le maire de la ville, Cantiba Hailou, demanda dans une assemblée de prêtres, que ce « frendji » fut chassé, de peur qu'ils ne fussent accusés de l'avoir appelé pour être leur évêque.

L'Abouna lui-même avait consenti à rentrer à Gondar, à condition cependant que Mgr de Jacobis en fût expulsé.

La persécution partout inévitable. — Celui-ci comprit le danger. « Mes enfants, dit-il, moi je ne puis m'enfuir, ce serait une honte pour la foi catholique ; mais vous autres... fuyez vers le Nord. » Tous répondirent : « Comment pourrions-nous partir et vous laisser seul ici ? Non ! nous ne partirons pas ! »

— Mais, reprit-il, si l'un de vous venait à être enchaîné avec moi, ce serait une double souffrance ! »

Après une longue discussion, les héros chrétiens promirent de se conformer aux conseils de leur Père ; mais alors, leur arriva un courrier de Mgr Bianchéri, annonçant que les catholiques de l'Agamié et de l'Akèle-Gouzaï étaient aussi pillés. Le péril étant partout, mieux valait rester.

L'arrestation est décidée. — Cassa revenant victorieux du Godjam, vers la capitale, Gondar, l'Abouna, impatient, alla à sa rencontre et demanda l'expulsion de Mgr de Jacobis. Le souverain délégua, alors, vers le saint missionnaire, un jeune anglais, John Bell, afin de l'inviter à partir de plein gré. L'intrépide apôtre s'y refusa et écrivit à l'empereu une lettre noble et ferme, qui inclina le farouche tyran à la clémence. Mais l'Abouna veillait.

Pour couper court, il présenta cet ultimatum : « Je n'entrerai pas à Gondar, tant que ce « frendji » y restera. — « Qu'à cela ne tienne ! répondit Cassa, je le ferai mettre aux fers, lui et ses disciples. Dites-moi seulement que vous répondez de mon acte devant Dieu, et je le mettrai à mort, lui et tous les siens. » — « Oh ! non ! reprit l'Abouna, comme épouvanté du succès de sa demande, il ne faut pas mettre à mort un tel homme ! Jamais chrétien n'a accompli plus parfaitement la loi et les conseils évangéliques ; mais il est dans mes terres, renvoyéz-le en son pays. Quant aux Abyssins qui ont adopté sa croyance, livrez-les moi, et j'en aurai raison par la torture. »

Cassa, nouveau Pilate, les lui livra.

Aussitôt Salama lança un mandat d'arrêt contre Mgr de Jacobis et les siens.

Arrestation. — « Le 15 juillet 1854, écrit le chroniqueur, notre maison fut cernée par une troupe armée. Un chef dit à notre Père : « Nous sommes venus pour te chasser. » Il répondit avec calme : « Me voici ! faites de moi ce qui vous a été ordonné. » Alors les hommes bondirent sur nous comme un léopard sur une chèvre. A cette vue, notre Père s'écria : « Frappez-moi, mais, de grâce, ne touchez pas à mes enfants, car ils sont ma couronne ! »

« Ibant Gaudentes ! » — « Abba Ghèbrè-Michaël nous avait appris l'air approprié aux paroles : « *Ibant gaudentes...* » ils s'en allaient joyeux de devant l'assemblée, parce qu'ils avaient été jugés dignes de souffrir l'opprobre pour le nom de Jésus » (Act. 5-40).

Dès que, entourés de soldats, nous formâmes cortège, nous commençâmes à chanter comme en procession. On voulut nous faire taire, mais nous n'en continuâmes que de plus belle. »

La séparation des captifs. — Les prisonniers furent d'abord conduits dans la maison du Kantiba Hailou. Mgr de Jacobis reçut l'ordre d'y rester, et ses prêtres furent livrés à l'Abouna. « En vain, dit le chroniqueur, supplia-t-il qu'on ne le séparât pas de ses enfants. La réponse fut inexorable : « Nous n'y pouvons rien, c'est l'ordre du négous ! » On ne lui laissa qu'un petit esclave, libéré par la mission. Quand Abba Ghèbrè-Michaël et Abba Tèklè-Haïmanot reçurent l'ordre de partir, ils se jetèrent aux pieds de leur Père, implorant sa bénédiction. Celui-ci, alors, se mit à pleurer si fort, que tout le monde en fut ému. Puis, entourant de ses bras le cou d'Abba Ghèbrè-Michaël, il pleura sur lui, comme s'il eut pressenti les combats qui l'attendaient. Un soldat l'en arracha et l'entraîna au dehors. Le Kantiba attendri s'écria : « Sur qui donc retombera le châtiment de toutes ces larmes ? »

L'emprisonnement. — Les captifs furent conduits dans les prisons de l'Abouna et là, s'agenouillant, ils se mirent à réciter les litanies de la Sainte Vierge.

Abba Ghèbrè-Michaël et les trois autres prêtres furent mis à la chaîne, chacun avec un soldat ; les autres furent enchaînés deux à deux. Leur geôlier était un homme excessivement cruel. Il ne se contenta pas d'attacher, avec des fers pesants, les bras des victimes, leurs pieds aussi furent rivés ensemble par deux larges anneaux, qui rendirent la marche difficile et douloureuse. Les confesseurs de la foi passèrent la nuit à prier, à s'entretenir des souffrances de leur Père, et à se rappeler que le Christ, lui aussi, avait été enfermé dans un cachot.

Cruautés envers Abba Ghèbrè-Michaël. — L'Abouna avait chargé le geôlier de le venger des humiliations que lui avait fait subir ce « vieux savant » d'Abba Ghèbrè-Michaël. — « J'en ai fait mon affaire ! » avait répondu le bourreau.

Habitué à la duplicité, il traita d'abord le docteur avec égard, et l'invita même, dès le lendemain, à venir déjeuner avec lui. Abba Ghèbrè-Michaël devina vite cette ruse féline et répondit : « Ce que vous m'offrez, envoyez-le, plutôt, à mon frère qui est plus souffrant que moi. » Alors le tigre, bondissant de colère, frappa le vieux prêtre à la joue. « Comment ? hurla-t-il, vieil orgueilleux, tu es entre mes

mains et tu oses me donner des ordres ? » A ce signal, la soldatesque se précipita sur l'inoffensif prisonnier, pour le bafouer, le renverser, le frapper du
poing, du pied, du bâton, et lui arracher ses vêtements. Leur victime gisait sur le sol, pieds et
mains enchaînés, la poitrine brisée ; la sang cou-
lait par sa bouche, et le bruit de sa mort se répandit
dans la ville.

Apostasie générale. — Peu de temps après, une
grande assemblée réunit, en présence de l'Abouna,
tout le clergé de Gondar. Le métropolitain imposa
alors, à tous, sa profession de foi à lui, que la plu-
part des quarante églises de Gondar ne voulaient
pas accepter. Mais tous, apeurés, perdus, ne sachant
que devenir, acceptèrent ce qu'on exigeait d'eux.
Seuls, quelques-uns demandèrent un délai pour ré-
fléchir, mais finirent par céder eux aussi.

Fier de son triomphe, l'Abouna ordonna de faire
venir les captifs, espérant que, sur eux aussi, la
peur allait avoir prise ; il fut rudement trompé.

« Non possumus ! » — Il commença par insulter
violemment, indignement même, Abba Ghèbrè-Michaël qui ne lui répondit que des paroles pleines
d'un calme bon sens.

S'adressant ensuite aux compagnons de l'Abba,
il usa de ruse pour essayer de les convaincre et,
finalement, les avertit que, s'ils refusaient de se
soumettre, il les livrerait à l'empereur qui, seul, a
le droit de prononcer les sentences capitales. Ré-
pondant alors au nom de tous, Abba Ghèbrè-Michaël
s'écria : « Non ! jamais je n'abandonnerai ma foi !
Elle est profondément enracinée en mon cœur.
Faites donc contre moi tout ce qu'il vous plaira. »
Tous, après lui, protestèrent de même, et un :
« Nous aussi ! nous préférons mourir ! » fut leur
unique réponse.

Ils furent reconduits en prison, bénissant Dieu de pouvoir prier en commun et s'encourager les uns les autres. Ils avaient besoin de ce réconfort, car de cruelles tortures les attendaient.

La torture du « ghend ». — Leur courageuse profession de foi fut punie par le supplice du « ghend », d'où ils ne devaient pas sortir durant trois mois. Ce genre de supplice offre plus d'une analogie avec la cangue chinoise. Mais au lieu de saisir sa victime par le cou, le « ghend » (tronc) s'empare des deux jambes à la fois, les enserre étroitement l'une contre l'autre, rendant par là tout mouvement impossible. Le supplicié est condamné à se tenir constamment assis ou couché sur le dos. Le « ghend » est un gros tronc à peine dégrossi, long de plus d'un mètre, de 35 à 40 centimètres d'épaisseur. Au milieu, une ouverture ovale laisse passer les deux pieds, tandis que, par des trous percés en travers, deux fortes chevilles pénètrent à coup de massue, se rencontrant entre les deux jambes, qu'elles déchirent et achèvent d'emprisonner étroitement.

Quant au local où étaient détenus les prisonniers, c'était une cabane ronde servant, d'ordinaire, d'abri aux valets et aux bestiaux. Une petite ouverture où l'on ne passait qu'en se courbant très bas, servait de porte. Au dedans, une vermine immonde, une odeur infecte, un sol humide et boueux. Les détenus grelottaient de froid dans ces bouges, sous les pluies hivernales qui battaient alors leur plein et passaient par toutes les fissures du toit. Comme on leur avait volé leurs habits, ils n'avaient qu'un caleçon pour se couvrir, et étaient constamment transis. De plus, ils furent condamnés à la privation complète de nourriture et de boisson ! Trois jours se passèrent ainsi.

Séparation des prisonniers. — Mais les patients, malgré leurs tortures, avaient la joie d'être ensemble, ce qui était pour eux un grand réconfort. Le tyran, alors, ordonna de les séparer, et de les isoler dans des gourbis encore plus obscurs et plus infects, et d'en boucher soigneusement les ouvertures.

Après quatre jours de jeûne complet, on les autorisa à prendre un peu de pain et d'eau ; mais tous restaient isolés et dans l'obscurité la plus absolue.

De son côté, emprisonné lui aussi, le vaillant Vicaire Apostolique s'ingéniait à venir à leur secours ; et sa joie était grande de savoir que ses enfants, dans les chaînes, ne cessaient d'être, aux yeux de toute la capitale, les fiers témoins de la religion catholique. Des cinq, un seul obtint la palme du martyre, mais tous, jusqu'au bout, fortifiés par une grâce puissante, furent invariablement admirables de vaillance et de foi.

Quand, après cinq mois d'une détention sauvage qui épouvantait les gens de Gondar, Théodoros apprit les sévices sur eux exercés, il ne put s'empêcher d'exprimer sa stupeur à l'implacable abouna.

« Parle, mon fils ! » — L'historien, qui fut lui même l'un des confesseurs, nous a conservé le trait suivant qui nous montrera l'esprit des prisonniers.

Le jeune Abba Tèklè-Haïmanot, interrompant un jour les méditations d'Abba Ghèbrè-Michaël, lui dit : — Mon Père ? — Parle, mon fils, je t'écoute.

— Voilà qu'on ne nous donne plus ni pain, ni eau, rien. J'ai entendu dire qu'un jeûne semblable suffit pour tuer au bout de trois jours. Est-ce que ce temps n'est pas écoulé ?

— Mon fils, dans cet obscur réduit, tu le sais

comme moi, on ne distingue plus la nuit du jour ; comment pourrais-tu compter ? En tout cas, je suis convaincu qu'en subissant un jeûne comme le nôtre, on peut arriver à achever une octave, sans rendre le dernier soupir.

— Quoiqu'il en soit, mon Père, nous ne devons plus être éloignés de ce beau jour, où il nous sera donné de voir Jésus face à face, et de nous rassasier de sa délicieuse présence ! »

Le vieillard, alors, s'écria : « Viens donc, ô bon Jésus, ô Pain de Vie et Lumière Eternelle ! Viens, ô Jésus, Viens ! »

Un affreux accident. — Qu'on se présente l'état d'Abba Ghèbrè-Michaël dans son cachot ! Les ténèbres, la fange, la puanteur, l'infection, une humidité d'égout, l'immobilité forcée, l'horrible étau qui emprisonne ses pieds, la vermine qui le ronge ! A cela s'ajoute la séquestration absolue, et la cruauté des geôliers qui le laissèrent, parfois, une semaine entière, non seulement sans nourriture, mais même sans une goutte d'eau pour étancher sa soif et calmer sa fièvre ! En quel état squelettique n'était pas réduit ce vénérable vieillard ! Il était bien comme saint Paul : « l'Ambassadeur dans les chaînes ! » Il fallut un accident invraisemblable, pour arracher à Salama un peu de pitié. Le vieillard ayant essayé de remuer malgré son horrible étau, fut renversé sous le poids du tronc et roula, tête en avant, en un enfoncement de terrain où il se trouva pris, le torse si étroitement serré entre les pieux de la cabane, qu'il ne put se dégager, ni même se mouvoir en aucun sens. Personne ne se souciait du malheureux, immobilisé en cette position affreuse, pire que dans un piège à fauve. Il y passa une journée et une nuit. Le matin, lorsque le gardien entra, il le trouva en cet état, inerte, mort peut-être ! Appelant alors au

secours, il le dégagea ; mais l'émotion produite fut
telle, que la population qui le vénérait, s'assembla
aux abords de la demeure épiscopale en criant :
« Homicide ! » Devant la rumeur qui montait, Salama prit peur, ordonna de lui enlever le « ghend »,
mais de lui mettre les fers et de continuer sa cruelle
séquestration.

Sataniques conseillers. — Le persécuteur avait
espéré qu'Abba Ghèbrè-Michaël aurait perdu, depuis longtemps, avec sa vigueur physique, sa force
morale et même ses facultés mentales qui devaient
finir par s'affaiblir. Il lui envoya, alors, les plus ha-
biles docteurs de son entourage, pour essayer de
l'amener à apostasier. Ils employèrent tour à tour
les exhortations, les conseils et même les supplica-
tions, pour obtenir qu'un simple « oui » d'assenti-
ment, tombât des lèvres défaillantes du noble prisonnier. Mais lui de leur répondre : « Retirez-vous !
Arrière ! vils suborneurs ! sataniques conseillers ! »
Et comme ils voulaient l'amener à discuter avec eux
sur les questions religieuses : « Tenez ! leur dit-il
en leur montrant ses chaînes, voilà ce qui plaide
avec vous ! » C'était éloquent, ce fut sans réplique.

Expulsion de Mgr de Jacobis. — Le 26 novem-
bre, des soldats vinrent pour bannir Mgr de Jacobis.
Il s'était rendu dans une église schismatique, pour
y jouir du droit d'asile. Ce droit toujours reconnu,
ne le fut pas pour le prêtre catholique, qui fut traîné
hors de l'enceinte sacrée, puis foulé aux pieds :
« Emmenez-moi avec mes enfants, ou bien enchaî-
nez-moi avec eux ! » supplia-t-il. Le lendemain il
dut partir pour la route de Métamma. Pensant à ses
enfants qu'il laissait dans les fers, il pleura. Plus
grande était encore la tristesse de ces derniers. Leur
Père, leur soutien n'était plus là ! il allait à une
mort certaine, dans ce désert meurtrier ! D'ailleurs,

une lettre de Théodoros recommandait au gouverneur de Métamma de le mettre à mort.

Mais Dieu le sauva, en attendrissant sur son sort les trois soldats soudanais qui devaient le conduire. Ils déchirèrent la lettre du roi et déclarèrent à leur captif qu'il était libre, et pouvait s'en aller où il voudrait. Le saint missionnaire loua Dieu et reprit la route de Gondar. Avant d'y arriver, il apprit que ses enfants avaient été flagellés pour la foi.

Alors il leur écrivit une lettre pour les féliciter et rendre grâces à Dieu ; mais pour ne pas aggraver leurs peines, il prit la route du Nord, et arriva à Halaï, après 65 jours de fatigues et de périls.

Devant le tribunal épiscopal. — L'Abouna Salama aurait continué ses sévices contre les prisonniers, si Cassa lui-même n'était pas intervenu. Pourtant, il voulait l'unité de croyance en son empire, et publia un édit, condamnant à mort tous ceux qui n'adopteraient pas son symbole.

Comme le souverain devait partir en campagne, Salama voulut, auparavant, avoir raison de ses intrépides victimes.

Un grand tribunal se réunit le 20 décembre 1854, sept jours après que les prisonniers avaient été délivrés de l'horrible tronc qui leur brisait les pieds.

L'Abouna commença par reprocher à Abba Ghèbrè-Michaël d'avoir toujours été son ennemi. Mais il entendit cette calme réponse : « En ce qui concerne la foi, je ne puis être que votre adversaire ; mais pour ce qui regarde les devoirs de la charité, je crois ne vous avoir fait que du bien ! »

Et comme on lui proposait une discussion publique, il se contenta de dire, montrant ses lourdes chaînes : « Ceci discute pour moi. »

Alors, la haine de Salama s'assouvit en des flots d'invectives haineuses, d'injures sans nom ; après quoi, il se mit à hurler, dans le paroxysme de la rage : « Traînez-le dans la cour et qu'il soit flagellé » ! Et lui-même descendit la cravache à la main. Ses intimes réussirent à l'apaiser, mais le corps émacié et dénudé du martyre resta grelottant à terre, sous la morsure du vent et le froid de la nuit.

Quelques heures après, on le ramenait au cachot.

Flagellation des quatre moines. — En attendant le tour d'Abba Ghèbrè-Michaël, Salama fit, le lendemain, comparaître ses quatre compagnons. Ces derniers restèrent insensibles à ses astucieux conseils, comme à ses vaines promesses. Ils furent alors condamnés à être flagellés. De cinquante à quatre-vingts coups de fouet, sillonnèrent alors leur dos dénudé, faisant jaillir le sang avec des lambeaux de chair.

Le plus jeune d'entre eux bondissait et se tordait sous la morsure du fouet ; il finit par retomber inanimé. Quelque temps après, l'Abouna le trouvant gisant dans la cour, le fit inviter à apostasier, avec l'appât de grandes richesses ! « Je ne veux pas de tes richesses ! » répondit le jeune homme. Furieux, Salama le condamna à recevoir encore soixante-dix coups d'un fouet, cinglant à sang, fait d'une queue de girafe.

Ses plaies ne guérirent que six mois après.

Devant Théodoros. — Voulant avoir enfin raison d'Abba Ghèbrè-Michaël, dont le courage invaincu l'exaspérait, Salama finit par le citer au tribunal de l'empereur, sûr que ce dernier, dans un de ses accès de cruauté, le condamnerait à mort.

Après avoir vainement essayé les conseils et les promesses, Théodoros s'écria : « Sache que, d'après les lois de l'empire, tu mérites la peine capitale, et que je puis t'y condamner ! » — « Oh ! prononcez donc sur-le-champ votre sentence ! » repartit le confesseur de la foi ! — Non, dit-il, si tu es pressé, libre à toi de te donner la mort ! »

— « Je ne suis pas un Judas, répliqua le vieillard, pour attenter à ma vie ! »

Théodoros s'écria, alors, s'adressant à l'assemblée: « Vous tous, ici présents à cette audience, vouez-moi au mépris, déclarez-moi homme de rien si, d'ici huit jours, je n'ai pas fait dire « oui » à ce vieil impudent ! » Et s'adressant à son officier d'ordonnance : « Je le confie à ta garde, lui dit-il, mets-le aux plus dures chaînes. »

Abba Ghèbrè-Michaël passait donc des prisons de l'Abouna dans celles du négous.

Cruelle flagellation de deux heures. — Après une série de victoires, Théodoros revint à Gondar, où Salama le sacra « Roi des Rois. » Dans l'enivrement de sa gloire, l'empereur voulut vaincre la seule et dernière résistance qui se dressait devant lui, le pauvre vieillard catholique enchaîné ! Il le fit comparaître, presque nu, décharné, à son tribunal et le somma d'adhérer à sa profession de foi. Abba Ghèbrè-Michaël lui répondit : « Sire, n'espérez jamais que j'arrive à proclamer que le Christ n'a que la nature divine, sans la nature humaine ! »

Il fut, alors, si violemment souffleté, qu'il roula à terre. Ce n'était qu'un commencement. Quatre bourreaux reçurent l'ordre de le frapper avec une queue de girafe, dont les longs crins ressemblent à du fil de fer. Les flagellateurs, se relayant deux par deux, frappèrent le supplicié couché la face contre terre. Aux coups redoublés tombant sur sa chair meurtrie, il répondait d'une voix forte : « Je crois la foi de la Sainte Église Catholique, Apostolique et Romaine ! O mon Dieu, je vous en supplie, aidez-moi de votre grâce et recevez-moi dans votre grande miséricorde ! »

Le tyran se sentant vaincu, ordonna de le frapper de soixante-dix coups sur les yeux...

Le sang jaillit de l'organe sous le choc des verges.

« Etes-vous fatigués ? » — « Frappez ! mais frappez donc ! hurlait le tyran, frappez-le jusqu'à ce qu'il meure ! »

D'après le témoignage des témoins, d'autres bourreaux remplacèrent les premiers épuisés ; ils s'acharnèrent tellement sur le corps du martyr, qu'il devint impossible de compter les coups. Bien que se relayant, ils finirent par s'arrêter, à la façon des batteurs qui posent leur fléau, la gerbe égrenée.

Le patient gisait là ; on le croyait mort.

Il attendait !...

L'arrêt se prolongeant, puisque les exécuteurs semblaient demander grâce, il se redressa et, au milieu d'un profond silence, il leur lança cette apostrophe : « Etes-vous donc fatigués ? »

. . . .

Dieu, sans doute, soutenait visiblement son « témoin, » car un homme robuste et valide n'aurait pas pu, normalement, résister à une flagellation aussi prolongée.

Théodoros écumait. La flagellation recommença. Ce fut alors un nouvel exemple de triomphe de la force divine qui soutient ses soldats, comme aussi de la ridicule impuissance des rages humaines.

Tant de coups sur un corps déjà broyé, déchiqueté, pantelant, ne réussirent pas même à arracher un cri au martyr. Au contraire, sous les nouveaux coups, les plaies anciennes semblaient guérir et s'effacer.

Le supplice avait duré deux heures.

Guérison merveilleuse. — « Quand le signal de

s'arrêter fut donné aux bourreaux, dit le chroniqueur, et que le supplicié se leva, il n'apparut plus sur son corps aucune trace des tourments qu'il venait de souffrir. Bien plus, son œil qui, alors, semblait noyé dans le sang, fut guéri la nuit suivante et brilla d'un éclat inaccoutumé.

Témoins de cette guérison merveilleuse, les foules purent constater qu'une intervention divine avait eu lieu. Ses gardiens crièrent au miracle et on se mit à donner à Abba Ghèbrè-Michaël, le nom de « Saint Georges », martyr très vénéré en Éthiopie et qui, selon une légende du pays, aurait plusieurs fois perdu et recouvré la vie.

Le martyr brave le tyran. — Profitant de la présence d'un ambassadeur du roi d'Angleterre, Théodoros voulut, une dernière fois, faire comparaître Abba Ghèbrè-Michaël devant lui.

« Vous tous, s'écria-t-il, princes, évêques, clercs, dignitaires et docteurs de la loi, écoutez. J'ai tout fait plier sous mon autorité, j'ai assujetti mon peuple entier à ma croyance et à ma loi ; seul, ce moine m'a résisté et a refusé, jusqu'à présent, d'obéir à l'autorité suprême que Dieu m'a donnée ! »

C'est alors que le martyr, avec un dédain superbe teinté d'arrogance, osa tutoyer le tyran et lui dire : « Je ne reconnais d'autre juge de ma croyance que Notre-Seigneur Jésus-Christ, et son représentant sur la terre, le Souverain Pontife de Rome ! »

— « Ne suis-je pas ton juge, moi ? » demanda l'empereur. — « Il est vrai, répondit l'accusé, tu peux exercer ta puissance sur les corps ; mais tu n'as aucune autorité sur les âmes. Toi, tu es le fléau de l'Abyssinie, et ton papas en est le démon ! »

Il fut immédiatement condamné à être fusillé. L'intervention du ministre anglais réussit à faire commuer cette peine en celle des fers à perpétuité.

En route vers le Calvaire. — Théodoros partit alors en campagne et son prisonnier, toujours enchaîné, dut l'y suivre étape par étape. Cette douloureuse montée du calvaire dura deux mois.

Après avoir subi des fatigues inouïes, des privations sans nombre, la faim, le choléra qui planait lugubre sur l'armée démoralisée, Abba Ghèbrè-Michaël sentit enfin sa dernière heure approcher.

Appuyé sur une pierre, à l'ombre, dans le repos d'une étape militaire, le fidèle serviteur s'étendit contre un arbre, prédit les malheurs qui allaient fondre sur l'empire et s'endormit doucement. C'était le 28 août 1852. Abba Ghèbrè-Michaël avait 64 ans.

Ses gardiens rouvrirent l'anneau coulant, délivrèrent son poignet de la chaîne, et l'ensevelirent au pied même de l'arbre près duquel il était mort.

Rome qui vient de le placer sur les autels (31 octobre 1926), atteste sa bravoure héroïque. Elle semble le donner comme exemple au monde et, aussi, comme protecteur à ceux qui, là-bas, continuent son œuvre sur la terre aride où il versa son sang.

Luçon. — Imp. S. Pacteau.

www.ingramcontent.com/pod-product-compliance
Lightning Source LLC
LaVergne TN
LVHW050644060726
842527LV00004B/1461